シニアの爆笑 あてっこ・まねっこ ジェスチャー体操

斎藤道雄 著

JN005552

黎明書房

はじめに

ジェスチャーだから見るだけでいい！

この本は，

介護現場で活躍するスタッフのみなさまが，

シニアを対象にする体操やゲームなど，

体を動かすレクリエーション活動をするときに，

今よりももっともっと楽しんでするための本です。

そして，この本のテーマが，これ！

「ジェスチャーで体操！」

「ジェスチャーでクイズ！」

さて，**ジェスチャーの最大のメリット**は何でしょう？

それは，超が100回つくほどの**わかりやすさ**です！

なぜなら，**見るだけでいい**んですから。

一切の説明不要です。

シニアは，長々と説明されるとあきてしまいます。

でも，ジェスチャーなら，こちらを見るようになります。

目で見て理解しようとします。

つまり，**口で説明するよりも集中力がアップ**します。

シニアに，**超わかりやすくて，**

シニアの**集中力がアップして，**

スタッフは，**説明しなくてもいい。**

もうおわかりですね。

ジェスチャーはシニアの体操を支援するのに最高のテクニックです。

この本を読んで，ジェスチャーを上手に活用してください。

そして，楽しんで体操しましょう！

この本の9つの特長

❶ 　介護施設などでシニアが楽しんで体操するための本です。

❷ 　介護施設などで働く現場スタッフの方が対象です。

❸ 　シニアご本人でも活用出来ます。

❹ 　体操を楽しくするのに上手にジェスチャーを活用します。

❺ 　基本的には現場スタッフの方がジェスチャーします。
　※スタッフの代わりにシニアがジェスチャーしたり，現場スタッフとシニア2人で一緒にジェスチャーしたりも出来ます。

❻ 　全部の体操は椅子に腰かけて出来ます。

❼ 　道具不要，準備不要です。

❽ 　短時間（1，2分）で出来る体操です。

❾ 　体操の組み合わせは自由自在です。体操にあきずに長続きします。

この本の使い方

　現場で実際にレクリエーション活動をするときは，このようにして楽しみます！

1　やりたい「ウォーミングアップ」（準備体操），「あてっこジェスチャー体操」，「まねっこジェスチャー体操」をひとつずつ選びます。
　　※下の「組み合わせの見本」を参考にしてください。

2　はじめに「ウォーミングアップ」（準備体操）をします。そのあとで「あてっこジェスチャー体操」→「まねっこジェスチャー体操」をして楽しみます。

3　それぞれの内容を入れ替えることで，毎日の体操がもっと楽しくなります！

組み合わせ方の見本

①　ウォーミングアップ編から体操をひとつ選ぶ
　　　　　「最高の深呼吸」（9 ページ）

②　あてっこジェスチャー体操編
　　パート 1，2 の中からひとつ選ぶ
　　　　　　「カマキリのポーズ」（20 ページ）

③　まねっこジェスチャー体操編からひとつ選ぶ
　　　「ヒコーキとロケット」（45 ページ）

※所要時間 10 分程度。
※活動時間に応じて，体操の数を増減してください。

もくじ

Ⅰ　ウォーミングアップ編

Ⅱ　あてっこジェスチャー体操編　パート1

Ⅲ　あてっこジェスチャー体操編　パート2

Ⅳ　まねっこジェスチャー体操編

① 最高の深呼吸

自分の中で一番いい顔で深呼吸します。

ねらいと**ききめ**　（ リラックス ）（ 表情づくり ）

すすめかた

① スタッフは,「私のマネをしてください！　うまくマネできたら最高です！」と言います。

② スタッフは, 胸を張ります。

③ スタッフは, 自分の中で一番いい顔をします。

④ スタッフは, 両手をひろげて鼻から息を吸い込みます。

⑤ スタッフは, 両手を閉じて口から息をはきだします。

⑥ ④, ⑤を何度か繰り返します。

⑦ スッキリしたら大成功です！

す ーーっ

はぁーーっ

スタッフの方におすすめテク！

● **こうすると楽しい！**
自分の中で一番いい顔をしましょう！

● **こうするとよい！**
息を吸い込むときに, 胸を張りましょう！

② 変顔で肩体操

口をとがらせたり，鼻の下を長く伸ばしたりして肩を上げ下げします。

ねらいとききめ　リラックス　顔の体操

すすめかた

① スタッフは，「私と同じ顔をしてください！　うまくマネできたら最高です！」と言います。

② スタッフは，「ぎゅう！」と言って肩を上げて，口をとがらせます。

③ スタッフは，「ストン！」と言って肩を落として，鼻の下を長く伸ばします。

④ ②と③を何度か繰り返します。

⑤ 楽しく出来たら大成功です！

ぎゅう！

ストン！

スタッフの方におすすめテク！

●こうすると 楽しい！

思い切って大げさな表情でしましょう！　笑いが出ます！

●こんなのも あり！

（スタッフの代わりに）シニアひとりでしても，またはスタッフとシニア2人一緒にしてもオッケーです。

③ 最高の足ぶみ

自分の中で一番いい顔をして足ぶみします。

ねらいとききめ　〔 足腰強化 〕 〔 表情づくり 〕

すすめかた

① 　スタッフは，「私のマネをしてください！うまくマネできたら最高です！」と言います。

② 　スタッフは，胸を張ります。

③ 　スタッフは，自分の中で一番いい顔をします。

④ 　スタッフは，そのままの顔で足ぶみをします。

⑤ 　楽しく出来たら大成功です！

スタッフの方におすすめテク！

● **こうすると 楽しい！**
　自分の中で最高にいい顔をしましょう！

● **こうすると よい！**
　胸を張って，腕を大きく振りましょう！　シニアは座ったままやっても大丈夫です。

❹ グーパー体操！①

両手をぎゅっとにぎったり，全部の指を出来る限りひらいたりします。

ねらいとききめ　（手の巧緻（こうち）性維持）　（握力アップ）

すすめかた

① スタッフは，「私のマネをしてください！　うまくマネできたら最高です！」と言います。

② スタッフは，足をひらいて立ち，両手を胸の前に出します。

③ スタッフは，「ぐうっ！」と言って，両手をぎゅっとにぎります。

④ スタッフは，「ぱあ！」と言って，全部の指を出来る限りひらきます。

⑤ スタッフは，「ぐうっ！」と「ぱあ！」をランダムに何度か繰り返します。

⑥ 元気な声が出たら大成功です。

ぐうっ！

ぱあ！

スタッフの方におすすめテク！

● **こうするとよい！**
「ぐうっ！」のときはひじを曲げて，「ぱあ！」のときはひじを伸ばすと運動効果アップです！

● **こうすると楽しい！**
声を強めに出してしまう しょう！

⑤ グーパー体操！②

元気に声を出して足とひざをとじたり，ひらいたりします。

ねらいとききめ　足腰強化　元気が出る

すすめかた

① スタッフは，「私のマネをして
ください！　うまくマネできたら
最高です！」と言います。
② スタッフは，椅子に座り，胸を
張って両手をひざに置きます。
③ スタッフは，「ぐうっ！」と
言って，足とひざを閉じます。
④ スタッフは，「ぱあ！」と言っ
て，足とひざをひらきます。
⑤ スタッフは，「ぐうっ！」と
「ぱあ！」をランダムに何度か繰
り返します。
⑥ 元気な声が出たら大成功です。

ぐうっ！　ぱあ！

スタッフの方におすすめテク！

● **こうするとよい！**
足だけを閉じるのでなく，足とひざを一緒に閉じるように意識しましょう。

● **こうするとよい！**
声を強く出しましょう！

⑥ グーパー体操！③

背中を丸めて体を小さくしたり，胸を張ってバンザイしたりします。

ねらいとききめ　　〔 姿勢保持 〕　〔 手の巧緻性維持 〕

すすめかた

① スタッフは，「私のマネをしてください！　うまくマネできたら最高です！」と言います。

② スタッフは，「ぐうっ！」と言って，背中を丸めて体を小さくします。

③ スタッフは，「ぱあ！」と言って，胸を張ってバンザイします。

④ スタッフは，「ぐうと言ったらグーのポーズを，ぱあと言ったらパーのポーズをしてください」と言います。

⑤ スタッフは，「ぐうっ！」と「ぱあ！」をランダムに何度か繰り返します。

⑥ 楽しく出来たら大成功です。

ぐうっ！

ぱあ！

スタッフの方におすすめテク！

●こうするとよい！

グーのポーズは出来る限り体を小さく，パーのポーズは出来る限り大きくしましょう。

●こうするとよい！

あべこべの動きをします。スタッフが「ぐう！」と言ったらパーのポーズを，スタッフが「ぱあ！」と言ったらグーのポーズをします。

⑦ グーパー体操！④

　グーで目と口を閉じたり，パーで目と口を出来る限り大きくあけたりします。

ねらいとききめ　　（顔の体操）　（表情づくり）

すすめかた

① 　スタッフは，「私のマネをしてください！　うまくマネできたら最高です！」と言います。

② 　スタッフは，「ぐうっ！」と言って，目と口を（強めに）閉じます。

③ 　スタッフは，「ぱあ！」と言って，出来る限り大きく目と口をあけます。

④ 　スタッフは，「ぐうと言ったらグーの顔を，ぱあと言ったらパーの顔をしてください」と言います。

⑤ 　スタッフは，「ぐうっ！」と「ぱあ！」をランダムに何度か繰り返します。

⑥ 　楽しく出来たら大成功です。

ぐうっ！

ぱあ！

スタッフの方におすすめテク！

●こうするとよい！
　はじめとおわりに，手のひらで軽く顔をたたいてほぐしましょう！

●こんなのもあり！
　あべこべの動きをします。スタッフが「ぐう！」と言ったらパーの顔を，スタッフが「ぱあ！」と言ったらグーの顔をします。

運動するより生活を運動にする①

　ぼくは，生活そのものが運動だと考えています。
　なので，1日の中で出来るだけ体を動かすライフスタイルを目指しています。
　たとえば……。

　掃除は，ほうきとちりとりでする。

　部屋が汚れていなくても，毎日掃除する。

　ごみ箱はひとつ。ごみは毎回そこまで歩いて捨てに行く。

　家でごみを発見したら，その都度，拾って捨てる。

　リモコンをやめて，スイッチのある場所まで動く。

　洗濯は出来るだけ手洗いする。

　使ったものはすぐに元の定位置に戻す。

　トイレは使うたびにかんたんに掃除する。

　食品や日用品は買いだめせず，必要な量だけ，買う。

※コラム②（36ページ）につづく。

⑧ あくびのポーズ

ポーズ 出来る限り大きな口をあけてあくびをします。

ねらいとききめ （リラックス）（口の体操）

すすめかた

① スタッフは,「問題です。何をしているでしょうか?」と言います。

② スタッフは, 足をひらきます。

③ スタッフは, 両手をグーにして思いっきり伸びをするように上にあげます。

④ スタッフは, 出来る限り大きな口をあけてあくびをします。

⑤ スタッフは, そのままのポーズで,「あ〜」とか「ふあ〜」とか声を出します。

⑥ スタッフは,「さて, これは何をしているでしょう?」と尋ねます。

⑦ 誰かが正解したら, 盛大な拍手を!

⑧ 最後は全員で一緒に, あくびのポーズをして終わります。

スタッフの方におすすめテク!

●こうするとよい!
自分の中で一番いい顔をしましょう!

●こうすると楽しい!
息を吸い込むとき（あくびをするとき）に, 胸を張りましょう!

⑨ オニのポーズ

ポーズ 　出来る限り怖い顔をして人差し指をつのにします。

ねらいとききめ 　（表情づくり） （姿勢保持）

すすめかた

① 　スタッフは，「問題です。何のマネをしているでしょうか？」と言います。
② 　スタッフは，出来る限りこわ〜い顔をします。
③ 　スタッフは，両手を前に出してにぎります。
④ 　スタッフは，（両手の）人差し指を伸ばします。
⑤ 　スタッフは，人差し指を頭の上に置きます。（つのにする）
⑥ 　スタッフは，「では，これはなんでしょう？」と尋ねます。
⑦ 　誰かが正解したら，盛大な拍手を！
⑧ 　最後は全員で，オニのポーズをして終わります。

スタッフの方におすすめテク！

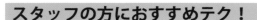

● **こんなのもあり！**
　（スタッフの代わりに）シニアひとりでしても，スタッフとシニア2人でしてもオッケーです！

● **こうするとよい！**
　胸を張ってすると運動効果アップです！

⑩ カニのポーズ

ポーズ　両手をチョキにして，カニ歩き（左右に行ったり来たり）します。

ねらいときめ　（転倒予防）　（指の巧緻性維持）

すすめかた

カニ・カニ，カニ・カニ……

① 　スタッフは，「問題です。何のマネをしてるでしょうか？」と言います。
② 　スタッフは，足を肩幅にひらきます。
③ 　スタッフは，両手を胸の前でチョキにします。
④ 　スタッフは，横歩きで右に行ったり，左に行ったりします。
⑤ 　スタッフは，「カニ・カニ，カニ・カニ……」と声を出します。
⑥ 　スタッフは，「では，これはなんでしょう？」と尋ねます。
⑦ 　誰かが正解したら，盛大な拍手を！
⑧ 　最後は全員で，カニのポーズをして終わります。椅子の人は，両足を右，左に動かします。

スタッフの方におすすめテク！

●**こんなのもあり！**
　（スタッフの代わりに）シニアひとりで，またはシニアとスタッフ2人一緒にしてもオッケーです！

●**こうするとよい！**
　最後は全員で一緒に元気に声を出してしましょう！「カニ・カニ，カニ・カニ……」

⑪ カマキリのポーズ

ポーズ 　両手を前に出して，手のひらを下にして手首を曲げます。

ねらいと**ききめ** 　（手首の柔軟性維持）

すすめかた

① 　スタッフは，「問題です。何のマネをして
いるでしょうか？」と言います。

② 　スタッフは，両手を胸の前で手のひらを
下にします。

③ 　スタッフは，手首を曲げて指先を下にし
ます。

④ 　誰も正解しないときは，「カマ・カマ，カ
マ・カマ……」と声を出します。

⑤ 　スタッフは，「では，これはなんでしょ
う？」と尋ねます。

⑥ 　誰かが正解したら，盛大な拍手を！

⑦ 　最後は全員で，カマキリのポーズをして
終わります。

カマ・カマ，
　カマ・カマ，

カマ・カマ，
　カマ・カマ，

スタッフの方におすすめテク！

●こうすると 楽しい！

　最後は全員で一緒に，「カマ・カマ，カマ・
カマ……」と元気に声を出しましょう。

●こんなのも あり！

　（スタッフの代わりに）シニアひとりでしても，シニアとスタッフ2人一
緒にしてもオッケーです。

⑫ カラスのポーズ

ポーズ　両手を横にひろげて，羽のように両手を上下に動かします。

ねらいとききめ　（手の巧緻性維持）（イメージ力アップ）

すすめかた

① スタッフは，「問題です。何のマネをしているでしょうか？」と言います。

② スタッフは，ゆっくりと両手を横にひろげて手のひらを下にします。

③ スタッフは，鳥が羽ばたくように両手を上下に動かします。

④ スタッフは，そのままの動作で「カアー！」と声を出します。

⑤ スタッフは，「では，これはなんでしょう？」と尋ねます。

⑥ 誰かが正解したら，全員で盛大な拍手を！

⑦ 最後は全員でカラスのポーズをして終わります。

カア ───！

スタッフの方におすすめテク！

●**こうすると 楽しい！**
最後は，全員で一緒に，「カアー！」と元気に声を出しましょう！

●**こうすると よい！**
鳥が空に羽ばたくところをイメージして両手を動かしましょう！

⑬ ケンケンパーのポーズ

ポーズ　元気に声を出して，片足をあげたり足をひろげたりします。

ねらいとききめ　（足腰強化）　（リズム感体感）

すすめかた

① スタッフは，「問題です。何をしているでしょうか？」と言います。
② スタッフは，片足でぴょんぴょんと2回小さくジャンプします。（ケンケン）
③ スタッフは，両足をひらきます。（パー）
④ スタッフは，「ケンケンパー！」と口だけを動かします。（口パクでする）
⑤ スタッフは，「では，何をしているでしょう？」と尋ねます。
⑥ 誰かが正解したら，全員で盛大な拍手を！
⑦ 最後は全員で一緒にケンケンパーのポーズをして終わります。

スタッフの方におすすめテク！

●こうするとよい！
最後は全員で一緒に，「ケンケンパー」と元気に声を出してしましょう！

●こんなのもあり！
片足をあげることがむずかしいときは，足をあげずに，とじて・とじて・ひらく。の動作でもオッケーです。シニアは腰かけたままでも大丈夫です。

⑭ ゴリラのポーズ

ポーズ　鼻の下を長く伸ばして，両手で胸をたたきます。

ねらいとききめ　（姿勢保持）（顔の体操）

すすめかた

① スタッフは，「問題です。何のマネをしているでしょうか？」と言います。

② スタッフは，出来る限りこわ〜い顔をします。

③ スタッフは，鼻の下を出来る限りなが〜く伸ばします。

④ スタッフは，胸を張って，両手で胸をたたきます。

⑤ スタッフは，そのままの動作で，「うほ・うほ，うほ・うほ……」と声を出します。

⑥ 誰かが正解したら，盛大な拍手を！

⑦ 最後は全員で，ゴリラのポーズをして終わります。

うほ・うほ，
　　うほ・うほ，

うほ・うほ，
　　うほ・うほ，

スタッフの方におすすめテク！

● **こんなのも あり！**
（スタッフの代わりに）シニアひとりでしても，スタッフとシニア2人でしてもオッケーです！

● **こうすると 楽しい！**
思い切ってゴリラ顔になりましょう！

⑮ ゾウのポーズ

ポーズ 腕を前に伸ばして，ゾウの鼻のように大きく左右に振ります。

ねらいとききめ 〔 手・腕の器用さ維持 〕 〔 肩の柔軟性維持 〕

すすめかた

① スタッフは，「問題です。何のマネをしているでしょうか？」と言います。

② スタッフは，片手を腰に置いて，反対の手を前に伸ばします。

③ スタッフは，前に伸ばした手を，ゆっくりと大きく左右に振ります。（ゾウの鼻をイメージして）

④ スタッフは，そのままの動作で「パオーン！」と元気に声を出します。

⑤ スタッフは，「では，これはなんでしょう？」と尋ねます。

⑥ 誰かが正解したら，盛大な拍手を！

⑦ 最後は全員で，ゾウのポーズをして終わります。

パオーーーン！

スタッフの方におすすめテク！

●こんなのもあり！

（スタッフの代わりに）シニアひとりでしても，スタッフとシニア2人でしてもオッケーです！

●こうするとよい！

左右の手を変えて，もう一度すると運動効果アップ！

⑯ ねこのポーズ

ポーズ　両手は胸の前で，全部の指をひらいて，全部の指を少し曲げ，「にゃー！」と言います。

ねらいとききめ　(指の巧緻性維持)　(声を出す)

すすめかた

① 　スタッフは，「問題です。何のマネをしているでしょうか」と言います。
② 　スタッフは，出来る限りニッコリ笑います。
③ 　スタッフは，両手を胸の前でパーにします。
④ 　スタッフは，全部の指をひらいて，全部の指を少し曲げます。
⑤ 　スタッフは，そのままのポーズで，「にゃー！」と声を出します。
⑥ 　スタッフは，「では，これはなんでしょう？」と尋ねます。
⑦ 　誰かが正解したら，全員で拍手を。
⑧ 　最後は全員でねこのポーズをして終わります。
⑨ 　「にゃー！」もお忘れなく。

にゃ———！

スタッフの方におすすめテク！

●こうすると よい！

　②と③と④のところを，ひとつずつ時間をかけて，ゆっくりとていねいにしましょう！

●こうすると 楽しい！

　最後は全員で「にゃー！」と声を出してしまいましょう！

25

⑰ ニワトリのポーズ

ポーズ　元気に声を出して胸を張って，顔だけを動かしながら「コケコッコー！」と言います。

ねらいとききめ　（姿勢保持）　（声を出す）

すすめかた

① スタッフは，「問題です。何のマネをしているでしょうか？」と言います。

② スタッフは，ゆっくりと両手を腰に置きます。

③ スタッフは，ゆっくりと胸を張ります。

④ スタッフは，そのままの姿勢で，顔だけを前に出したり，戻したりします。

⑤ スタッフは，「コケコッコーーー！」と声を出します。

⑥ スタッフは，「では，これはなんでしょう？」と尋ねます。

⑦ 誰かが正解したら，全員で盛大な拍手を！

⑧ 最後は全員でニワトリのポーズをして終わります。

⑨ 「コケコッコーーー！」もお忘れなく。

コケコッコー！

スタッフの方におすすめテク！

● **こんなのも あり！**

（スタッフの代わりに）シニアひとりでしても，またはスタッフとシニア2人一緒にしてもオッケーです。

● **こうすると 楽しい！**

最後は全員で「コケコッコーーー！」と元気に声を出しましょう！

⑱ なわとびのポーズ

ポーズ　　リズミカルになわとびを跳ぶマネをします。

ねらいとききめ　（足腰強化）　（リズム感体感）

すすめかた

① スタッフは，「問題です。何のマネをしているでしょうか？」と言います。

② スタッフは，両手を前に出してグーにします。（なわとびを持つマネ）

③ スタッフは，なわとびを回して跳ぶマネをします。（1回だけ）

④ スタッフは，「ぴょんぴょん，ぴょんぴょん……」と声を出します。

⑤ スタッフは，「では，これはなにをしているでしょう？」と尋ねます。

⑥ 誰かが正解したら，盛大な拍手を！

⑦ 最後は全員で一緒に，なわとびを跳ぶマネをして終わります。

ぴょんぴょん，　ぴょんぴょん，

スタッフの方におすすめテク！

●**こうするとよい！**
シニアは椅子に腰かけたままでします。

●**こんなのもあり！**
両足をあげるのがむずかしいときは、かかとをあげるだけでもオッケーです。

27

⑲ バナナのポーズ

ポーズ バナナの皮をむいて美味しそうにいただきます！

ねらいと**ききめ** （表現力アップ） （手指の巧緻性維持）

すすめかた

① スタッフは，「問題です。何を食べてるところでしょうか？」と言います。

② スタッフは，片手を前に出して手をにぎります。（バナナを持つマネ）

③ スタッフは，とっても美味しそ～な顔をします。

④ スタッフは，反対の手で，バナナの皮を1枚だけむくマネをします。（美味しそ～な顔で）

⑤ スタッフは，さらに，2枚，3枚，とむいていきます。

⑥ スタッフは，「では，これはなんでしょう？」と尋ねます。

⑦ 誰かが正解したら，盛大な拍手を！

⑧ 最後は，全員で一緒に，バナナの皮をむいていただきましょう！

⑨ 美味しそ～に召し上がれ！

スタッフの代わりに
シニアがしても
オッケー！

スタッフの方におすすめテク！

●こうするとよい！

②，③，④のところを，ひとつずつたっぷりと時間をかけて丁寧に動作しましょう。

●こんなのもあり！

（スタッフの代わりに）シニアひとりでしても，またはシニアとスタッフ2人で一緒にしてもオッケーです。

⑳ バンザイのポーズ

ポーズ　元気に声を出して，両手を上にあげてバンザイします。

ねらいとききめ　　姿勢保持　　腕と肩の筋力維持

すすめかた

① スタッフは，「問題です。何をしているでしょうか？」と言います。

② スタッフは，足を肩幅にひらきます。

③ スタッフは，出来る限りニッコリします。

④ スタッフは，両手を上にあげてバンザイします。

⑤ スタッフは，「ば・ん・ざ・い」と声を出さずに口だけを動かします。

⑥ スタッフは，「では，これはなんでしょう？」と尋ねます。

⑦ 誰かが正解したら，盛大な拍手を！

⑧ 最後は全員でバンザイを3回して終わります。

⑨ 「バンザーイ!!」もお忘れなく。

ば・ん・ざ・い

スタッフの方におすすめテク！

● **こうすると よい！**

スタッフは，自分の中で一番の笑顔でバンザイしましょう！

● **こうすると よい！**

胸を張ってすると，運動効果アップです！

㉑ ヘビのポーズ

ポーズ 両手を合わせて左右にクネクネと動かします。

ねらいと**ききめ** 　手首の柔軟性維持

すすめかた

ニョロ・
　ニョロ，
ニョロ・
　ニョロ，

① スタッフは,「問題です。何のマネをしているでしょうか?」と言います。
② スタッフは, ゆっくりと両手を前に出して, 手のひらを合わせます。
③ スタッフは, 合わせた手指を左右にヘビのようにクネクネと動かします。
④ スタッフは,「ニョロ・ニョロ, ニョロ・ニョロ」と声を出します。
⑤ スタッフは,「では, これはなんでしょう?」と尋ねます。
⑥ 誰かが正解したら, 全員で盛大な拍手を!
⑦ 最後は全員でヘビのポーズをして終わります。
⑧ 「ニョロ・ニョロ, ニョロ・ニョロ」も忘れずに。

スタッフの方におすすめテク!

● **こうすると**よい**!**
　④のときに, ゆっくりと前に進みながらしましょう!

● **こうすると**楽しい**!**
　最後は, 全員で「ニョロ・ニョロ, ニョロ・ニョロ」と元気に声を出してしましょう!

㉒ やまびこのポーズ

ポーズ　胸を張って，大きな口をあけて「ヤッホー」と言います。

ねらいとききめ　（姿勢保持）　（口の体操）

すすめかた

① 　スタッフは，「問題です。何て言ってるでしょうか？」と言います。

② 　スタッフは，足をひらいて胸を張ります。

③ 　スタッフは，片手を口にあてて，声を出さずに「ヤッホー」と口パクします。

④ 　スタッフは，さらに，2，3回繰り返します。

⑤ 　スタッフは，「では，何て言ってるでしょうか？」と尋ねます。

⑥ 　誰かが正解したら，全員で盛大な拍手を！

⑦ 　最後は全員で「ヤッホー」と元気に声を出して終わります。

ヤッホーー

スタッフの方におすすめテク！

●こうすると よい！
誰も正解しないときは，ヤッホーの「ヤ」だけ声に出してみましょう！

●こうすると よい！
足をひらいて，胸を張ってすると運動効果アップです！

㉓ 一本締めのポーズ

ポーズ　元気に声を出して手をたたきます。

ねらいとききめ　（手の巧緻性維持）　（雰囲気づくり）

すすめかた

① スタッフは，「問題です。何をしているでしょうか？」と言います。

② スタッフは，足をひらきます。

③ スタッフは，両手をひろげてから，パン！と手をたたきます。

④ スタッフは，「よーおっ！」と声を出して手をたたきます。

⑤ スタッフは，「では，これは何をしているでしょう？」と尋ねます。

⑥ 誰かが正解したら，盛大な拍手を！

⑦ 最後は全員で，一本締め（手をたたいて）で終わります。

スタッフとシニアが
一緒にしてもオッケー！

よーおっ！

パン！

スタッフの方におすすめテク！

●こうするとよい！
最後は，全員で「よーおっ！」と元気に声を出してしましょう！

●こうするとよい！
（スタッフの代わりに）シニアひとりでしでも，またはスタッフとシニア2人一緒にしてもオッケーです。

㉔ エイエイオーのポーズ

ポーズ　元気に声を出して，勢いよく拳を突き上げます。

ねらいとききめ　〔 元気が出る 〕〔 握る力アップ 〕

すすめかた

エイエイオー！

① スタッフは，「問題です。何をしているでしょうか？」と言います。
② スタッフは，マジメな顔をします。
③ スタッフは，片手でぎゅっと拳をつくります。
④ スタッフは，勢いよく拳を突き上げます。
⑤ スタッフは，「エイエイオー！」と（声は出さずに）口だけを動かします。
⑥ スタッフは，「では，何をしているでしょう？」と尋ねます。
⑦ 誰かが正解したら，全員で盛大な拍手を！
⑧ 最後は全員で拳を突き上げて終わります。
⑨ 「エイエイオー」も忘れずに！

スタッフの方におすすめテク！

●こうするとよい！
②と③と④のところを，時間をたっぷりかけてひとつずつゆっくりしましょう。

●こうすると楽しい！
最後は，全員で一緒に「エイエイオー！」と元気に声を出しましょう！

㉕ 乗馬のポーズ

ポーズ　両手を前に出して，手綱を引くように手を引いたり戻したりします。

ねらいとききめ　（手首の柔軟性維持）　（引く力アップ）

すすめかた

① スタッフは，「問題です。何のマネをしているでしょうか？」と言います。
② スタッフは，ひざを軽く曲げます。
③ スタッフは，両手を前に出してグーにします。
④ スタッフは，両手を引いたり戻したりします。（手綱を引く動き）
⑤ スタッフは，「パカパカ」と声を出します。
⑥ スタッフは，「では，これはなんでしょう？」と尋ねます。
⑦ 誰かが正解したら，盛大な拍手を！
⑧ 最後は全員で，乗馬のポーズをして終わります。
⑨ 「パカパカ」もお忘れなく！

パカ
パカ

スタッフの方におすすめテク！

●こうすると よい！
最後は全員で「パカパカ」と元気に声を出しましょう！

●こうすると 楽しい！
馬にまたがっている様子をイメージしてしましょう！

26 自由の女神のポーズ

ポーズ　自分の中で最高にやさしい顔をして，片手を上に持ち上げます。

ねらいとききめ　（表情づくり）　（姿勢保持）

すすめかた

① スタッフは，「問題です。何のマネをしているでしょうか？」と言います。

② スタッフは，自分の中で最高にやさしい顔をします。

③ スタッフは，片手を前に出してグーにします。

④ スタッフは，ゆっくりと片手を上に持ち上げて静止します。

⑤ スタッフは，「自由の〜」と声を出します。

⑥ スタッフは，「では，これはなんでしょう？」と尋ねます。

⑦ 誰かが正解したら，盛大な拍手を！

⑧ 最後は全員で，自由の女神ポーズをして終わります。

自由の〜〜〜

スタッフの代わりにシニアがしてもオッケー！

スタッフの方におすすめテク！

●こんなのもあり！

（スタッフの代わりに）シニアひとりでしても，またはスタッフとシニア2人一緒にしてもオッケーです！

●こうするとよい！

ひじを伸ばして腕を持ち上げると運動効果アップです！

運動するより生活を運動にする②

　生活の中での運動は，まだまだあります。

　移動は，できる限り歩く。または自転車で。

　目的地まで，わざと遠回りしてみる。

　胸を張って歩いたり，お尻に力を入れたり，歩き方を変えてみる。

　階段があれば，よろこんで階段を使う。

　お気に入りの雑草を探して部屋のインテリアにする。

　はし，歯磨き，ドアの開閉など，左手（利き手でない手）を使ってみる。

　食事は，よ〜く噛んで，じっくりと味わって食べる。（口を動かす）

　不便なこと，手間がかかることは，心身によいと思ってよろこんでする。

　考えたら，まだまだありそうです。
　ぼくは，こう思います。
　健康のために運動するのでなく，楽しんで生活する。
　それが運動になる。

㉗ なりきりバレーボール！

バレーボールのトス，アタックのマネをします。

ねらいとききめ

（手指の巧緻性維持）（腕筋力の維持）

すすめかた

① スタッフとシニア2人一緒にします。
② スタッフは，「問題です。何をして
いるところでしょうか？」と言います。
③ スタッフは，両手でバレーボールの
ボールをトスするマネをします。
④ シニアは，トスされたボールをア
タックする（打つ）マネをします。
⑤ 誰も正解しないときは，「トス！」
（③のときに），「アタック！」（④のと
きに）と声を出します。
⑥ 誰かが正解したら，全員で盛大な拍
手を！
⑦ 最後は，全員でトスして，全員でア
タック！

スタッフの方におすすめテク！

●こうするとよい！
はじめと終わりに，肩の上げ下げ運動をしましょう！

●こうすると楽しい！
アタックした後に，2人で（スタッフとシニアで）両手でハイタッチして
喜びましょう！

㉘ なりきりボクシング！

2人で向かい合ってパンチを打ったり，よけたりするマネをします。

ねらいとききめ

(イメージ力アップ)　(敏捷（びんしょう）性維持)

すすめかた

① スタッフとシニア2人一緒にします。

② スタッフは，「問題です。何をして
いるところでしょうか？」と言います。

③ 2人で向かい合います。

④ 2人でお互いの顔を見て，にらみ合
います。

⑤ 両手をグーにして，グータッチしま
す。（グーとグーを合わせる）

⑥ 両手を胸の前で，パンチを打つ構え
をします。

⑦ 誰も正解しないときは，さらに，パ
ンチを打つマネをします。

⑧ 誰かが正解したら，盛大な拍手を！

⑨ 最後は全員で一緒に，パンチを打つマネをして終わります。

スタッフの方におすすめテク！

● こうすると楽しい！

パンチを打つだけでなく，パンチをよけたりするマネをしましょう！

● こうするとよい！

2人の間隔を十分にとってからしましょう。

㉙ なりきりラグビー！

その場でかけあしをしてパスしたり，トライしたりするマネをします。

ねらいとききめ　（脚力維持）　（イメージ力アップ）

すすめかた

① スタッフは，「問題です。何をしているところでしょうか？」と言います。

② スタッフは，ラグビーボールを脇にかかえるマネをします。

③ スタッフは，そのままのかっこうで，その場でかけあしをします。

④ 誰も正解しないときは，ボールを置くマネをして，「トライ！」と声を出します。

⑤ 誰かが正解したら，全員で盛大な拍手を！

⑥ 最後は全員で一緒に，トライの動作をして終わります。

スタッフの方におすすめテク！

● **こうするとよい！**

最後は全員で元気に「トライ！」と声を出しましょう！

● **こんなのもあり！**

（スタッフの代わりに）シニアひとりでしても，またはシニアとスタッフ2人一緒にしてもオッケーです。

㉚ なりきり剣道！

2人で向かい合って，元気に竹刀で打ち合うマネをします。

ねらいとききめ　声を出す　腕と肩の筋力維持

すすめかた

① スタッフとシニア2人一緒にします。

② スタッフは，「問題です。何をしているところでしょうか？」と言います。

③ スタッフとシニアは，向かい合っておじぎをします。

④ スタッフとシニアは，両手を前に出して竹刀を構えるマネをします。

⑤ スタッフとシニアは，竹刀で打ち合うマネをします。

⑥ 誰も正解しないときは，さらに「めーん！」と声を出します。

⑦ 誰かが正解したら，盛大な拍手を！

⑧ 最後は全員で面を打つマネをして終わります。

スタッフの方におすすめテク！

●こうするとよい！
スタッフとシニアは，いかにも真剣勝負をする顔つきをしましょう！

●こうすると楽しい！
「めーん！」だけでなく，「こてっ！」「どおー！」も混ぜてみましょう！

㉛ なりきり時計！

両手を真上にあげたり，真横にひらいたりして時計の針のマネをします。

ねらいとききめ　（姿勢保持）　（腕と肩の筋力維持）

すすめかた

① 　スタッフは，「問題です。何のマネしているでしょうか？」と言います。

② 　スタッフは，胸を張って，きをつけの姿勢をします。

③ 　スタッフは，両手を真上に伸ばして手のひらを合わせます。（12時）

④ 　スタッフは，右手を真上で左手を真横にします。（3時）

⑤ 　スタッフは，右手を真上で左手を真下にします。（6時）

⑥ 　スタッフは，胸を張って，左手を真上で右手を真横にします。（9時）

⑦ 　誰も正解しないときは，さらに，「チクタク・チクタク，ボーン・ボーン」と声を出します。

⑧ 　最後は全員で，胸を張って，両手を真上に伸ばして手のひらを合わせて終わります。

スタッフの方におすすめテク！

●**こうするとよい！**
胸を張って，ひじを伸ばすと運動効果アップ！

●**こうすると楽しい！**
最後は全員で一緒に「チクタク・チクタク，ボーン・ボーン」と元気に声を出しましょう！

㉜ なりきり相撲取り！

　両足を大きくひらいて，片足を持ち上げて「よいしょー！」でおろします。

ねらいとききめ

(足腰強化)　(声を出す)

すすめかた

① 　スタッフは，「問題です。何のマネをしているでしょうか？」と言います。

② 　スタッフは，ゆっくりと両足を大きくひらきます。

③ 　スタッフは，両手をひざに置きます。

④ 　スタッフは，ゆっくりと片足を持ち上げて力強くおろします。

⑤ 　誰も正解しないときは，さらに「よいしょー！」と声を出します。

⑥ 　誰かが正解したら，盛大な拍手を！

⑦ 　最後は全員で同じ動きをして終わります。

よいしょ———！

スタッフの方におすすめテク！

● **こうするとよい！**
　バランスを崩しやすいので，シニアは腰かけてしましょう！

● **こうすると楽しい！**
　最後は，全員で一緒に，「よいしょー！」と声を出してしましょう！

33 なりきり野球！

ピッチャーが投げて，バッターが打つマネをします。

ねらいとききめ 腕と肩の筋力維持

すすめかた

① スタッフは，「問題です。何をしているところでしょうか？」と言います。
② スタッフは，両手を胸の前に出します。
③ スタッフは，大きく振りかぶってボールを上から投げるマネをします。
④ スタッフは，バットでボールを打つマネをします。
⑤ 誰も正解しないときは，もう一度同じ動作をして，打つところで「カキーン！」と声を出します。
⑥ 誰かが正解したら，盛大な拍手を！
⑦ 最後は全員で一緒に，ボールを投げて打つマネをして終わります。

スタッフの方におすすめテク！

●こうすると楽しい！
打ったあとに，（ホームランを打ったつもりで）バンザイしてよろこびましょう！

●こんなのもあり！
（スタッフの代わりに）シニアひとりでしてもオッケーです。

34 ピカピカとキラキラ

手をにぎったりひらいたり，手のひらを出したり引いたりします。

ねらいとききめ　（手首の柔軟性維持）　（手指の巧緻性維持）

すすめかた

①　スタッフは，「私のマネをしてください！　うまくマネできたら最高です！」と言います。

②　スタッフは，「ピカピカ！」と言って，両手でグーパーを2回します。

③　スタッフは，「キラキラ！」と言って，手のひらを前に出したり後ろに引いたりします。

④　スタッフは，「ピカピカと言ったらピカピカの手を。キラキラと言ったらキラキラの手をしてください」と言います。

⑤　スタッフは，ピカピカとキラキラを，ランダムに何度か繰り返します。

⑥　間違えても気にしないで。楽しく出来たら大成功です！

スタッフの方におすすめテク！

● **こうすると 楽しい！**

　全員で一緒に元気に声を出してしましょう！

● **こんなのも あり！**

　あべこべの動作をします。「ピカピカ！」と言ったらキラキラを，「キラキラ！」と言ったらピカピカの動きをします。

#㉟ ヒコーキとロケット

両手を横にひろげたり，両手を頭の上で合わせたりします。

ねらいとききめ　　(姿勢保持)　(腕のストレッチ)

すすめかた

① 　スタッフは，「私のマネをしてください！　うまくマネできたら最高です！」と言います。

② 　スタッフは，「ヒコーキ！」と言って，両手を横にひらきます。（手のひら下）

③ 　スタッフは，「ロケット」と言って，両手を頭の上で合わせます。

④ 　スタッフは，「ヒコーキと言ったらヒコーキのポーズを。ロケットと言ったらロケットのポーズをしてください」と言います。

⑤ 　スタッフは，ヒコーキとロケットを，ランダムに何度か繰り返します。

⑥ 　間違えても気にしないで。楽しく出来たら大成功です！

ヒコーキ！

ロケット！

スタッフの方におすすめテク！

●こうするとよい！
ヒコーキもロケットもひじを伸ばしてしましょう！

●こんなのもあり！
あべこべの動作をします。「ヒコーキ！」と言ったらロケットを，「ロケット！」と言ったらヒコーキのポーズをします。

㊱ ○と×
まる ばっ

両手で大きな○をつくったり，×をつくったりします。

ねらいとききめ　　〔腕と肩の筋力維持〕　〔表情づくり〕

すすめかた

① スタッフは，「私のマネしてください！うまく出来たら最高です！」と言います。
② スタッフは，足を肩幅にひらいて胸をはります。
③ スタッフは，笑顔で「まる！」と言って，両手で大きな○をつくります。
④ スタッフは，きびしい顔で「ばつ！」と言って，両手で大きな×をつくります。
⑤ スタッフは「まると言ったら○を。ばつと言ったら×をしてください」と言います。
⑥ スタッフは，まるとばつをランダムに何度か繰り返します。
⑦ 間違えても大丈夫。楽しく出来れば大成功です。

まる！

ばつ！

スタッフの方におすすめテク！

● **こうすると 楽しい！**
動きも表情も，オーバーアクションで！

● **こんなのも あり！**
あべこべの動きをします。スタッフが「まる！」と言ったらシニアは×を，スタッフが「ばつ！」と言ったらシニアは○をつくります。

46

㊲ モリモリとウキウキ

両手をグーにしてモリモリしたり，ひじを曲げてウキウキしたりします。

ねらいとききめ　（ リラックス ）　（ 握力維持 ）

すすめかた

① スタッフは，「私のマネしてください！うまく出来たら最高です！」と言います。
② スタッフは，両手をグーでひじを曲げて，「モリモリ！」と言います。
③ スタッフは，両ひじでからだを（体側を）2回トントンして，「ウキウキ！」と言います。
④ スタッフは，「モリモリと言ったらモリモリポーズを。ウキウキと言ったらウキウキポーズをしてください」と言います。
⑤ スタッフは，モリモリとウキウキをランダムに何度か繰り返します。
⑥ 楽しく出来たら最高です！

スタッフの方におすすめテク！

●こうするとよい！
モリモリは元気に，ウキウキは笑顔で！

●こんなのもあり！
あべこべにします。「モリモリ！」と言ったらウキウキポーズを，「ウキウキ！」と言ったらモリモリポーズをします。

㊳ ワクワクとドキドキ

ニッコリしたり，マジメな顔をしたりします。

ねらいとききめ (表情づくり) (顔の体操)

すすめかた

① スタッフは，「私のマネをしてください！ うまく出来たら最高です！」と言います。

② スタッフは，両手を胸の前でグーにして，「ワクワク！」と言います。

③ スタッフは，両手（手のひら）で胸を2回たたいて，「ドキドキ！」と言います。

④ スタッフは，「ワクワクと言ったらワクワクポーズを。ドキドキと言ったらドキドキポーズをしてください」と言います。

⑤ スタッフは，ワクワクとドキドキをランダムに何度か繰り返します。

⑥ 楽しく出来たら最高です！

スタッフの方におすすめテク！

● **こうするとよい！**

ワクワクは笑顔で，ドキドキはマジメな顔で！

● **こうすると楽しい！**

思い切ってオーバーなアクションでしましょう！

㊴ 雨と雪

両手をパーにして上から下に動かします。

ねらいとききめ　　`手指の巧緻性維持`

すすめかた

①　スタッフは,「私のマネをしてください！　うまくできたら最高です！」と言います。

②　スタッフは,「雨！」と言って,両手をパーにして上から下へ動かします。

③　スタッフは,「雪！」と言って,両手を小さく左右に振りながら（バイバイの感じで）上から下に動かします。

④　スタッフは,「雨と言ったら雨の手を,雪と言ったら雪の手をしてください！」と言います。

⑤　スタッフは,雨と雪をランダムに何度か繰り返します。

⑥　楽しく出来たら大成功です！

雨！

雪！

スタッフの方におすすめテク！

●こうするとよい！
指先まで意識して動かしましょう！

●こんなのもあり！
全部の指を出来る限りひらいてすると運動効果アップ！

49

㊵ おかめとひょっとこ

出来る限り笑顔になったり，口をとがらせたりします。

ねらいとききめ　　(顔の体操)　(表情づくり)

すすめかた

① スタッフは，「私と同じ顔をして
ください！　そっくりマネ出来たら
最高です！」と言います。

② スタッフは，「おかめ！」と言っ
てから，ニッコリ笑います。

③ スタッフは，「ひょっとこ！」と
言ってから，口をとがらせます。

④ スタッフは，「おかめと言ったら
おかめの顔。ひょっとこと言ったら
ひょっとこの顔をしてください」と
言います。

⑤ スタッフは，おかめとひょっとこ
をランダムに何度か繰り返します。

⑥ 楽しく出来たら大成功です！

おかめ！

ひょっとこ！

スタッフの方におすすめテク！

●こうするとよい！

おかめは出来る限り笑顔で。ひょっとこは出来る限り口を突き出して。

●こんなのもあり！

はじめに両手を顔でかくしておいてから，そのあとで表情を変えて顔を出
します。

㊶ おんぶとだっこ

おんぶしたり，だっこしたりするマネをします。

ねらいとききめ　判断力維持　集中力アップ

すすめかた

① スタッフは，「私のマネをしてください。同じように出来たら最高です」と言います。

② スタッフは，「おんぶ！」と言ってから，両手を後ろにして，おんぶをするマネをします。

③ スタッフは，「だっこ！」と言ってから両手を前にして，だっこをするマネをします。

④ スタッフは，「おんぶと言ったらおんぶのポーズを，だっこと言ったらだっこのポーズをしてください」と言います。

⑤ スタッフは，おんぶとだっこをランダムに何度か繰り返します。

⑥ 楽しく出来たら大成功です！

おんぶ！

だっこ！

スタッフの方におすすめテク！

● **こんなのもあり！**

あべこべにしてもオッケーです。スタッフが「おんぶ！」と言ったらだっこのポーズを。「だっこ！」と言ったらおんぶのポーズをします。

● **こうすると楽しい！**

慣れてきたら徐々にテンポをアップしましょう。

㊷ きをつけとやすめ

胸を張って，足を閉じたり開いたりします。

ねらいとききめ　（足腰強化）　（姿勢保持）

すすめかた

① スタッフは，「私のマネをしてください。うまくマネできたら最高です！」と言います。

② スタッフは，「きをつけ！」と言って，足とひざを閉じます。

③ スタッフは，「やすめ！」と言って，足とひざをひらきます。

④ スタッフは，「きをつけと言ったら足を閉じて。やすめと言ったら足をひらいてください」と言います。

⑤ スタッフは，きをつけとやすめを，ランダムに何度か繰り返します。

⑥ 間違えても気にしないで。楽しく出来たら大成功です！

きをつけ！

やすめ！

スタッフの方におすすめテク！

● **こうするとよい！**

きをつけもやすめも胸を張ってしましょう！

● **こんなのもあり！**

あべこべにします。「きをつけ！」と言ったらやすめを，「やすめ！」と言ったらきをつけをします。

43 手をたたいたりひざをたたいたり

手をたたいたり，ひざをたたいたりします。

ねらいと**ききめ**　手の巧緻性維持　姿勢保持

すすめかた

① スタッフは，「私のマネをしてください。うまく出来たら最高です！」と言います。
② スタッフは，「ひざ！」と言って，両手でひざを１回たたきます。
③ スタッフは，「手！」と言って，両手を１回たたきます。
④ スタッフは，「ひざと言ったらひざを。手と言ったら手をたたいてください」と言います。
⑤ スタッフは，ひざと手を，ランダムに何度か繰り返します。
⑥ 間違えても気にしないで。楽しく出来たら大成功です！

スタッフの方におすすめテク！

● **こうするとよい！**

胸を張って少し強めにたたくと運動効果アップです！

● **こんなのもあり！**

あべこべの動作をします。「ひざ！」と言ったら手を，「手！」と言ったらひざをたたきます。

プンプンとドキドキ

ほっぺたをふくらませたり，驚いた顔をしたりします。

ねらいとききめ　(顔の体操)　(表情づくり)

すすめかた

① スタッフは，「私と同じ顔をしてください！　うまく出来たら最高です！」と言います。

② スタッフは，「プンプン！」と言って，ほっぺをふくらませます。

③ スタッフは，「ドキドキ！」と言って，驚いた顔をします。

④ スタッフは，「プンプンと言ったらプンプン顔を。ドキドキと言ったらドキドキ顔をしてください」と言います。

⑤ スタッフは，プンプンとドキドキをランダムに何度か繰り返します。

⑥ 楽しく出来たら大成功です！

プンプン！

ドキドキ！

スタッフの方におすすめテク！

●こうするとよい！
プンプンのときは怒った顔でしましょう！

●こんなのもあり！
あべこべにします。「プンプン！」と言ったらドキドキ顔を，「ドキドキ！」と言ったらプンプン顔をします。

㊺ シャキーンとダラ〜ン

背筋を伸ばしたり，背中を丸めたりします。

ねらいとききめ　（姿勢保持）（リラックス）

すすめかた

① スタッフは，「私のマネをしてください！うまくマネ出来たら最高です！」と言います。

② スタッフは，「シャキーン！」と言って，背筋をピンと伸ばします。

③ スタッフは，「ダラ〜ン」と言って，背中を丸めます。

④ スタッフは，「シャキーンと言ったら背筋をピンと伸ばして，ダラ〜ンと言ったら背中を丸めてください！」と言います。

⑤ スタッフは，シャキーンとダラ〜ンをランダムに何度か繰り返します。

⑥ 楽しく出来たら大成功です！

スタッフとシニアが
一緒にしてもオッケー！

シャキーーーン！

ダラ〜〜ン

スタッフの方におすすめテク！

● **こうするとよい！**
「シャキーン！」は元気よく，「ダラ〜ン」はゆっくりした口調で言いましょう！

● **こんなのもあり！**
（スタッフの代わりに）シニアひとりでしても，またはスタッフとシニア2人一緒にしてもオッケーです。

㊻ 押したり引いたり

胸の前で両手を押し合ったり，引っ張ったりします。

ねらいと**ききめ**　（胸と腕の筋力アップ）

すすめかた

①　スタッフは，「私のマネをしてください！　うまくマネ出来たら最高です！」と言います。

②　スタッフは，胸の前で両手を合わせます。

③　スタッフは，「押して！」と言って，手と手を押し合います。

④　スタッフは，胸の前で両手をにぎります。（ひとり握手の感じで）

⑤　スタッフは，「引いて！」と言って，手と手を引っ張ります。

⑥　スタッフは，押してと引いてをランダムに何度か繰り返します。

⑦　間違えても大丈夫。楽しく出来たら大成功です！

押して！

引いて！

スタッフの方におすすめテク！

● **こうすると**よい**！**
ひじと肩の高さを同じくらいにしてすると運動効果アップです！

● **こんなのも**あり**！**
あべこべにします。「押して！」と言ったら引っ張って，「引いて！」と言ったら押します。

㊼ ゴーゴーとイエイ

拳を上に突き上げたり，親指を立てたりします。

ねらいとききめ （握力維持）　（手指の巧緻性維持）

すすめかた

① スタッフは，「私のマネをしてください！　うまくマネできたら最高です！」と言います。
② スタッフは，「ゴーゴー！」と言って，拳を上に突き上げます。
③ スタッフは，「イエイ！」と言って，（両手の）親指を立てて前に出します。
④ スタッフは，「ゴーゴーと言ったら拳を上に突き上げて，イエイと言ったら両手で親指を立ててください！」と言います。
⑤ スタッフは，ゴーゴーとイエイをランダムに何度か繰り返します。
⑥ 元気に楽しく出来たら大成功です！

スタッフの代わりに
シニアがしてもオッケー！

ゴーゴー！

イエイ！

スタッフの方におすすめテク！

●こうすると楽しい！
全員で一緒に元気に声を出してしましょう！

●こんなのもあり！
（スタッフの代わりに）シニアひとりで，またはスタッフとシニア2人で一緒にしてもオッケーです。

㊽ トントンとゴシゴシ

グーでひざをたたいたり，パーでひざをさすったりします。

ねらいとききめ （血行促進）（リラックス）

すすめかた

①　スタッフは，「私のマネをしてください！　うまくマネ出来たら最高です！」と言います。

②　スタッフは，「トントン！」と言って，グー（両手で）でひざをたたきます。

③　スタッフは，「ゴシゴシ！」と言って，パー（両手で）でひざをさすります。

④　スタッフは，「トントンと言ったらひざをたたいて，ゴシゴシと言ったらさすってください」と言います。

⑤　スタッフは，トントンとゴシゴシをランダムに何度か繰り返します。

⑥　間違えても大丈夫。楽しく出来たら大成功です！

スタッフの方におすすめテク！

●**こうするとよい！**
足を閉じて，胸を張ってすると運動効果アップ！

●**こんなのもあり！**
片手でトントン，反対の手でゴシゴシ。これを両手同時にします。

㊾ ニッコリとドッキリ

声を出して笑った顔をしたり，驚いた顔をしたりします。

ねらいとききめ　（表情づくり）　（顔の体操）

すすめかた

① 　スタッフは，「私と同じ顔をしてください！　うまくマネ出来たら最高です！」と言います。

② 　スタッフは，「ニッコリ！」と言って，笑顔で両手の人差し指を頬につけます。

③ 　スタッフは，「ドッキリ！」と言って，両手をひろげて，驚いた顔をします。

④ 　スタッフは，「ニッコリと言ったらニッコリポーズを。ドッキリと言ったらドッキリポーズをしてください」と言います。

⑤ 　スタッフは，ニッコリとドッキリをランダムに何度か繰り返します。

⑥ 　楽しく出来たら大成功です！

ニッコリ！

ドッキリ！

スタッフの方におすすめテク！

● **こうするとよい！**
スタッフが大げさにするのが成功のカギです。

● **こうするとよい！**
全員で一緒に元気に声を出してしまいましょう！

㊿ パンチとチョップ

パンチしたり，チョップしたりします。

ねらいとききめ　　(握力アップ)　(腕の筋力維持)

すすめかた

① スタッフは，「私のマネをしてください！　うまくマネ出来たら最高です！」と言います。

② スタッフは，両手を前に出して構えます。

③ スタッフは，「パンチ！」と言って，グーでパンチします。

④ スタッフは，「チョップ！」と言って，上から下にチョップします。

⑤ スタッフは，「パンチと言ったらパンチを。チョップと言ったらチョップをしてください」と言います。

⑥ スタッフは，パンチとチョップをランダムに何度か繰り返します。

⑦ 楽しく出来たら大成功です！

パンチ！

チョップ！

スタッフの方におすすめテク！

●こうすると よい！
手がぶつからないように，じゅうぶんに間隔を空けてしましょう！

●こうすると 楽しい！
全員で一緒に元気に声を出してしましょう！

おわりに

「失敗したらどうしよう」に答えます

先日，ある学生から，こんな質問をされました。

「どうしたら先生みたいにおもしろくなれますか？」

こたえは，**「相手のことを一番に考える」**です。

「失敗したら恥ずかしい」
「誰も笑わなかったらどうしよう」

これ。
自分のことを考えてます。

他人にどう思われるかを気にすると，行動出来ないんです。
つまり，守ってる状態。

では，行動するにはどうしたらいいか。
カンタンです。
相手のことを一番に考える。

な〜んて，言うのはカンタンですが，これがなかなか出来ません。

だから，ぼくの考え方はこう。

失敗したらどうしよう。
ではなく，
相手のことを考えてするなら失敗してもいい。

ウケなかったらどうしよう。
ではなく，
相手のことを考えてやるならウケなくてもしかたない。
そうすれば，行動出来ます。

　もし，あなたに子どもがいたとして，子どもが車にひかれそうだったら，
どうしますか？　子どもを助けようとすれば，行動するはずです。

　たとえがかなり大げさになりましたが，これと同じことです。

そうだっ！
今，ひらめきました！

おもしろくなるにはこれ。

「愛」。

「愛」があればおもしろくなれます。

　　令和 2 年 5 月

　　　　　　　　ムーヴメントクリエイター　斎藤道雄

著者紹介
●斎藤道雄

体操講師，ムーヴメントクリエイター。

クオリティ・オブ・ライフ・ラボラトリー主宰。

自立から要介護シニアまでを対象とした体操支援のプロ・インストラクター。

体力，気力が低下しがちな要介護シニアにこそ，集団運動のプロ・インストラクターが必要と考え，運動の専門家を数多くの施設へ派遣。

「お年寄りのふだん見られない笑顔が見られて感動した」など，シニアご本人だけでなく，現場スタッフからも高い評価を得ている。

[お請けしている仕事]
○体操教師派遣（介護施設，幼稚園ほか）　○講演　○研修会　○人材育成　○執筆

[体操支援・おもな依頼先]
○養護老人ホーム長安寮
○有料老人ホーム敬老園（八千代台，東船橋，浜野）
○淑徳共生苑（特別養護老人ホーム，デイサービス）ほか

[講演・人材育成・おもな依頼先]
○世田谷区社会福祉事業団
○セントケア・ホールディングス（株）
○（株）オンアンドオン（リハビリ・デイたんぽぽ）ほか

[おもな著書]
○『少人数で盛り上がるシニアの 1, 2 分体操＆ゲーム 50』
○『車椅子の人も片麻痺の人もいっしょにできる新しいレクリエーション』
○『椅子に腰かけたままでできるシニアのための脳トレ体操＆ストレッチ体操』
○『超シンプルライフで健康生活』
○『目の不自由な人も耳の不自由な人もいっしょに楽しめるかんたん体操 25』
○『認知症の人も一緒に楽しめる！　リズム遊び・超かんたん体操・脳トレ遊び』
○『介護レベルのシニアでも超楽しくできる　声出し！　お祭り体操』
○『介護スタッフのためのシニアの心と体によい言葉がけ 5 つの鉄則』
○『要介護シニアも大満足！　3 分間ちょこっとレク 57』
○『車いすや寝たきりの人でも楽しめるシニアの 1 ～ 2 分間ミニレク 52』
○『1,2 分でできるシニアの手・足・指体操 61』
○『椅子に座ってできるシニアの 1,2 分間筋トレ体操 55』
○『1,2 分でできる！　シニアにウケる爆笑体操 44』
○『椅子に座ってできるシニアの 1,2 分間筋トレ×脳トレ体操 51』（以上，黎明書房）

[お問い合わせ]
ブログ「みちお先生のお笑い介護予防体操！」: http://qollab.seesaa.net/
メール：qollab.saitoh@gmail.com
＊イラスト・さややん。

シニアの爆笑 あてっこ・まねっこジェスチャー体操

2020 年 7 月 1 日　初版発行

著　者　斎　藤　道　雄
発 行 者　武　馬　久 仁 裕
印　刷　藤 原 印 刷 株 式 会 社
製　本　協 栄 製 本 工 業 株 式 会 社

発　行　所　　株式会社　黎 明 書 房

〒460-0002　名古屋市中区丸の内 3-6-27　EBS ビル　☎ 052-962-3045
FAX 052-951-9065　振替・00880-1-59001
〒101-0047　東京連絡所・千代田区内神田 1-4-9　松苗ビル 4 階
☎ 03-3268-3470

落丁本・乱丁本はお取替します。　　　　　ISBN978-4-654-07674-1

少人数で盛り上がるシニアの 1，2分体操＆ゲーム 50

斎藤道雄著　　　　　B5・63頁　1650円

「少人数」「1，2分」「準備なし，道具不要」の3拍子そろった体操＆ゲームを各25種紹介。シニアが楽しく身体と頭を動かして元気に遊べる体操＆ゲームです。待ち時間に活用できます。2色刷。

椅子に座ってできるシニアの 1，2分間筋トレ×脳トレ体操 51

斎藤道雄著　　　　　B5・64頁　1650円

右手と左手で違う動きを同時にしたり，口で「パー」と言いながら手は「グー」を出したり……，筋トレと脳トレがいっしょにできる体操を51種紹介。椅子に座ったままでき，誰もが満足できます！2色刷。

1，2分でできる！ シニアにウケる爆笑体操 44

斎藤道雄著　　　　　B5・70頁　1650円

笑って体を動かせばますます元気に！　道具も要らず座ってできる手・指・顔・足等を使った44の爆笑体操を，図を交えて紹介。スタッフのための爆笑体操の成功のワザも収録。2色刷。

椅子に座ってできる シニアの1，2分間筋トレ体操 55

斎藤道雄著　　　　　B5・68頁　1650円

ちょっとした空き時間に，椅子に腰かけてでき，道具も不要で，誰もが楽しめる筋トレ体操を55種収録。よい姿勢を保つ力，歩く力等がつくなど，生活に不可欠な力をつける体操が満載。2色刷。

1，2分でできる シニアの手・足・指体操 61

斎藤道雄著　　　　　B5・72頁　1700円

いつでも，どこでも，誰にでも，手軽にできて，運動効果抜群！　の手と足と指をメインにした体操を61種収録。現場スタッフのための体操の際の声掛けのコツ，体操を盛り上げるポイント付き。2色刷。

要介護シニアも大満足！ 3分間ちょこっとレク 57

斎藤道雄著　　　　　B5・66頁　1650円

高齢者介護の現場で使える，3分間でできるちょこっとレクを57種紹介。「あべこべカウント」「手ットボトル」「赤い歌合戦」など，多様なレクを時間に合わせ自由に組み合わせて活用できます。2色刷。

認知症の人も一緒に楽しめる！ リズム遊び・超かんたん体操・脳トレ遊び

斎藤道雄著　　　　　B5・64頁　1600円

認知症のシニアも楽しめる「あくびが出た」「ふたり風船バレー」「じゃんけん足し算」など動きのシンプルなレクを収録。スタッフのための「こんな顔で援助すると効果的」などアドバイス付き。2色刷。

椅子に腰かけたままでできるシニアのための 脳トレ体操＆ストレッチ体操

斎藤道雄著　　　　　B5・62頁　1650円

頭を使いながら体もいっしょに動かす脳トレ体操と，頭からつま先まで効果のあるストレッチ体操をそれぞれ組み合わせた6つのメニューを紹介。脳トレで笑って，ストレッチで体をほぐそう。2色刷。

新・黎明俳壇　創刊号
特集：橋本多佳子 VS 鈴木しづ子

A5・64頁　727円

「あなたの俳句がワンランクアップするワンポイント添削」「教科書に出てくる俳句をもっと深く，面白く読もう」，俳句クイズなど，誰もが俳句の楽しさ，面白さを満喫できる一冊。オールカラー。

表示価格は本体価格です。別途消費税がかかります。

■ホームページでは，新刊案内など，小社刊行物の詳細な情報を提供しております。「総合目録」もダウンロードできます。
http://www.reimei-shobo.com/